LE BON SENS POPULAIRE

Bruno Scourfu

Le Bon Sens Populaire

Illustration couverture : image générée par IA par christophe7774

Édition : BoD · Books on Demand, 31 avenue Saint-Rémy, 57600 Forbach, bod@bod.fr
Impression : Libri Plureos GmbH, Friedensallee 273, 22763 Hamburg (Allemagne)

ISBN : 978-2-8106-2824-7
Dépôt légal : Mai 2025

Table des matières

1.   Pourquoi cet ouvrage ?

Les constats nous les avons tous. Chacun de nous, Français, a déjà expérimenté au moins une fois dans sa vie l'insécurité, des violences (inutiles), le sentiment d'impuissance ou la non-reconnaissance de notre travail.

Je ne suis qu'un simple gueux *(de souche dirons-nous, ma famille - pour autant qu'on puisse remonter jusqu'à la révolution Française - était de simples paysans, pêcheurs ou petits commerçants et artisans ; mes aïeux ont combattus pendant les deux guerres mondiales)*, aisé certes (je vis bien, je ne compte pas trop mon argent), mais qui a travaillé depuis ses 22 ans ; j'ai pris les transports en commun et fait les trajets quotidien domicile-étude/travail pour 2h par jour minimum ; j'ai créé des entreprises avec ma femme, élevé deux enfants etc. Le Covid m'a fait prendre conscience de la nécessité de compter sur soi-même d'un point de vue autonomie relative et défense de sa famille.

Bien qu'ayant fait des études supérieures grâce à mes parents que je ne remercierai jamais assez ; je me suis, par ailleurs, formé seul, via les outils modernes du web, sur les placements financiers tel le PEA afin de pouvoir être indépendant et compter sur moi-même pour ma famille en cas de faillite du système.

J'ai fait des erreurs et perdu de l'argent ; mais globalement je suis « dans le positif », bien que je sois aussi un « Nicolas qui paie » et beaucoup.

Pour ce que cela vaut et afin de donner une idée au lecteur la coloration politique de cet ouvrage, voici mon « *profil politique* » selon Politiscale, effectué en Février 2025 :

L'objectif est de partager et que chaque lecteur partage à son tour à son entourage, au-delà des constats et des « tout le monde sait », une liste de solutions compréhensibles par nous tous afin que nous fassions évoluer ensemble notre état d'esprit, que nous puissions voter en conséquence pour sauver notre beau pays la France et que nous puissions collectivement faire grandir un socle commun d'idées et de visions !

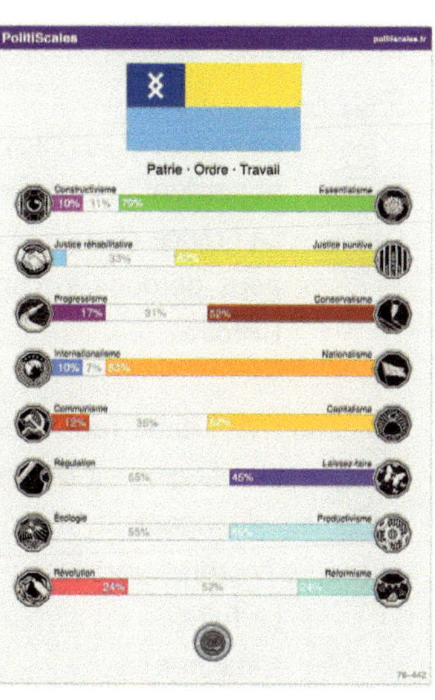

Voter ensemble pour un avenir meilleur est critique, car nous ne souhaitons pas que cela finisse mal.

« Quand les mots perdent leur sens, les peuples perdent leur liberté » - Confucius, 500 av JC

2.   Introduction

2.1 Redresser la France ?

Nous sommes sur la pente descendante, mais il nous reste aussi beaucoup d'atouts et particularités qui - il me semble - feraient de la France de nouveau une grande puissance en quelques années.

Derrière l'idée de « redresser la France », il y a deux constats majeurs :

- La France et ses citoyens s'appauvrissent en moyenne et perdent le contrôle sur leurs libertés ;
- La France change et évolue de manière profonde, et nous perdons le contrôle de nos racines, de notre Histoire.

Nous sommes donc face à une période de changement radical. Face au changement, il y a plusieurs postures possibles :

- La fuite
- L'inaction
- Le changement

La fuite et l'inaction sont faciles. Pour l'une, nous sauvons notre cas personnel, mais nous laissons de côté l'ensemble de nos cercles (famille, amis, voisins, compatriotes) et notre territoire, pour ensuite s'intégrer dans un environnement qui ne sera pas le nôtre.

L'inaction n'est que la mort lente et à petit feu des gueux, nous et nos enfants, la grenouille dans l'eau qui bout petit à petit.

C'est typiquement le choix actuel des politiques de notre cacocratie : procrastination, communication, traitements des conséquences à minima et toujours contre la majorité.

La situation actuelle (*faits de sociétés qui continuent à se multiplier, des victimes innocentes tuées tous les jours, de plus en plus de signaux sur des liens entre les trafiquants de drogues et la corruption, les gueux toujours plus censurés, cadenassés, exclus, taxés*) se dégrade lentement et risque de conduire la majorité à choisir soit la fuite soit l'inaction.

A contrario, le changement est difficile, demande la volonté, un cap et des objectifs clairs et une coordination entre nous pour impacter le pays et les politiques.

Dans cet ouvrage, j'ai rassemblé quelques propositions de solutions pour le futur de la France.

« L'intelligence, c'est la capacité à changer » - *Albert Einstein*

3. Chapitre 1 - Que changer de mon point de vue de gueux ?

3.1 Piliers primaires

Que souhaitons-nous changer ? Tout ! Selon la pyramide de Maslow, une fois les besoins physiologiques complétés, l'humain a des besoins de sécurité très importants avant tout le reste.

Ainsi, la société ne peut aller de l'avant sans :
- Energie[1]
- Sécurité

Aujourd'hui, force est de constater que ces deux piliers primaires majeurs sont substantiellement abîmés et en décrépitude.

Une fois ces deux piliers essentiels de nouveau structurés, un autre pilier devra être adressé :
- La réduction massive de l'État dans l'économie et le social.

Et la France pourra redevenir en quelques années une puissance innovante, industrielle, du bon sens et du bon vivre, un pays beau, fier et sécurisant qui permettra à chacun de nous de grandir et de s'accomplir.

---

[1] *Voir les interviews : https://x.com/Thinker_View/status/1916969714368028714*

3.2 État d'esprit

Il est à noter que dans le système actuel, la caste dirigeante actuelle empêche toute réforme « Afueriste » de l'état Français afin de nous rendre notre liberté, nos possibilités d'entreprendre, notre France.

Il y a beaucoup de paroles qui sont dites, en fonction des événements, du temps et du vent médiatique, mais en réalité, pour nous, la majorité « silencieuse » des gueux :

Seuls les actes comptent !

Ainsi, en tout premier lieu, nous devons absolument accepter que des institutions comme le Conseil Constitutionnel, le Conseil d'état ou encore la Cour Européenne des Droits de l'Homme (CEDH) soient temporairement au moins voire supprimés et pour la CEDH, la France doit en sortir pour retrouver sa pleine et entière souveraineté.

La justice doit se faire pour le peuple Français, au nom du peuple Français et multiplier les possibilités de recours pour des gens qui ne respectent pas la loi équivaut à bloquer le système.

Nous y reviendrons un peu plus loin, mais **les droits des délinquants et criminels n'existent pas face aux droits des honnêtes citoyens, face aux victimes.**

D'ailleurs à ce sujet, nous devons en terminer avec beaucoup de traités internationaux, en premier lieu les accords avec l'Algérie (tous les accords), mais nous y reviendrons un peu plus loin.

Enfin nous devons voter pour la **fermeté** à tous les étages avec des sanctions immédiates, rapides et extrêmement sévères :

- L'attaque physique de membres de forces de l'ordres ou professeurs : prison immédiatement, sans possibilité de recours interminables ;
- Le droit de propriété privé est inaliénable et ne requiert aucune décision judiciaire pour l'expulsion immédiate des squatteurs ;
- Les criminels et délinquants doivent aller en prison (qui à réduire au strict minimum, voir le chapitre correspondant) immédiatement ;
- Les parents sont responsables de leurs enfants en cas de faits de violence ou délinquance ;
- Les Français sont prioritaires aux non nationaux ;
- Etc.

Exemples dans le monde - des inspirations positives

Nous ne sommes pas seuls sur le « vaisseau spatial » Terre et nous gagnerions à nous inspirer d'autres communautés humaines, d'autres pays afin d'en retirer le positif applicable pour nous. Éviter de réinventer la roue permet d'aller plus vite !

Plusieurs pays peuvent être pris en exemple en termes de direction :

La Suisse

D'un point de vue économique et démocratique. Le code du travail Suisse est simple (66 pages), les impôts sont largement inférieurs à ceux de la France et pourtant il existe un secteur industriel fort et puissant, le SMIC est 3x fois plus élevé qu'en France.
Par ailleurs, les Suisses sont appelés aux urnes régulièrement et leurs décisions respectées, là où notre dernier référendum en France (2005) a été piétiné.

L'Argentine

D'un point de vue économique, Javier Milei a baissé les dépenses de l'État de 30% sa première année au pouvoir, le taux de pauvreté a baissé de 13% au bout d'un an et demi (et malgré une hausse au début), les recettes fiscales ont augmenté (malgré une baisse des impôts) et l'état Argentin a dégagé un excédent budgétaire dès la première année. Fin des normes absurdes et soutien financier des instances mondiales lui permettront sans doute de continuer à aller vers le mieux collectif. Cela reste encore hypothétique et sujet à critique en interne du pays, mais cela démontre que nous pouvons changer les choses avec de la volonté.

Le Salvador

D'un point de vue sécurité, passé du pays le plus dangereux du monde avec un taux d'homicide par habitant les plus importants avant 2020, le pays a appliqué la tolérance zéro et le « zéro droits » pour les gangs et criminels. Résultat, le pays est aujourd'hui avec le plus faible taux d'homicide et jugé moins dangereux que la France ou le Royaume-Uni (par un organisme fédéral américain).

L'Italie

Dans une moindre mesure l'Italie de Giorgia Meloni a réussi de façon spectaculaire à ramener son déficit public de 7,2% du PIB en 2023 à 3,4% en 2024. Ce pays européen (et donc malgré le carcan EU) est aussi devenu le 4ème exportateur mondial en 2024, a baissé les impôts pour les Italiens en 2024 et a annoncé une stratégie énergétique renouvelée, basée sur le nucléaire.

Encore une fois, attendons la confirmation de ces résultats sur le long terme, mais apprenons aussi que l'espoir est permis, le changement est possible.

Nous pourrions aussi discuter des exemples de Singapour et la Corée du Sud ; pays n'ayant que peu - voir aucune - ressource naturelle, parmi les plus pauvres au monde en 1950 ; qui 50 ans plus tard font partie des « pays riches et sécurisés » d'aujourd'hui.

Nous pourrions enfin parler du Danemark. Notre voisin aussi fait partie des pays avec un système social plutôt généreux et des prélèvements obligatoires élevés eux aussi. Mais le gouvernement social-démocrate actuel (plutôt à gauche donc) serait classé plus « extrême droite » que le RN en France. En effet, pour remettre de la mixité dans leurs HLM, ils ont viré des familles étrangères de ces logements (loi anti-ghetto) et sont durs sur l'immigration (860 demandes d'asiles acceptés pour 6M d'habitants, cela donnerait 9890 acceptations en France pour 69M or nous avons donné un avis favorable à 70 000, soit 7 fois plus en proportion[2]), pourtant nous n'entendons pas parler du retour du bruit des bottes au Danemark...

Rien n'est impossible, il faut du courage et des décisions fortes et fermes. Les citoyens doivent l'accepter et ne pas encourager les politiques mous, qui tergiversent en permanence. Ces gens, sans cap pour le pays, sans vision doivent être sanctionnés durement par les urnes.

---

[2] Source : https://www.lejdd.fr/International/immigration-comment-le-danemark-a-fait-chuter-les-demandes-dasile-a-un-niveau-historique-154834

3.3 Étatisme

Nous devons accepter une possibilité d'erreur (y inclut judiciaire), et nous devons collectivement sortir de nos têtes de penser « ETAT ». De notre Histoire, les Français sont plutôt étatistes, mais il semble que l'État nous conduise aujourd'hui à la mort de la France. Nous ne devons plus attendre de l'État pour notre quotidien, à l'exception peut-être des missions régaliennes historiques (minarchisme ?).

Selon Heritage.org *(Economic Freedom Index)*, nous sommes 63ème sur 184 dans l'indice de la liberté économique !

Un exemple de pays qui sont devant la France :
    1er : Singapour
    2ème : Suisse
    14ème : Maurice
    17ème : Chili
    30ème : Botswana
    37ème : Jamaïque
    40ème : Costa Rica
    49ème : Albanie
    50ème : Roumanie
    58ème : Vietnam (communiste !)
    63ème : France

Oui, il ne faut pas craindre de dire aujourd'hui que nous vivons dans une certaine forme de communisme, avec quelques parfums dictatoriaux comme la fermeture d'une chaîne privée, première en audience sur son segment... Il faut changer d'état d'esprit sur l'état et son rôle dans nos vies et notre pays.

A son effondrement l'URSS avait un total d'imposition compris entre 60 et 65% pour tous (jusqu'à 80% pour les plus aisés) ; remarquons que nous sommes en France à environ 60-65 % (avec prélèvements sociaux et contribution exceptionnelle) sans compter la TVA (20% en standard).

Name	Index Year	Overall Score	Property Rights	Government Integrity	Judicial Effectiveness	Tax Burden	Government Spending
Malaysia	2025	67.1	66.3	51.1	66.2	83.9	82.1
Saint Lucia	2025	67.0	69.5	59.0	74.6	78.6	82.5
Brunei Darussalam	2025	67.0	69.7	34.2	52.8	95.0	75.9
Malta	2025	66.8	66.2	55.0	81.5	70.0	57.5
Samoa	2025	66.6	76.1	60.3	77.7	79.0	67.3
Albania	2025	66.6	58.3	39.6	59.2	88.8	71.9
Romania	2025	66.5	81.7	49.1	67.0	93.7	59.1
Seychelles	2025	66.4	74.0	75.0	63.7	79.7	64.6
Spain	2025	66.3	87.2	64.7	74.0	57.7	33.5
Peru	2025	65.9	44.9	34.0	47.3	79.4	83.9
Bahrain	2025	65.6	65.4	39.8	30.2	99.9	74.3
Panama	2025	65.5	56.0	37.0	49.4	86.9	85.2
Oman	2025	65.4	74.5	42.3	25.5	97.6	70.8
Armenia	2025	65.4	49.9	50.4	31.3	88.1	77.6
Vietnam	2025	65.2	49.9	39.1	35.0	81.8	88.8
Paraguay	2025	65.2	45.0	27.7	37.3	97.0	87.1
Indonesia	2025	65.2	39.8	40.1	45.3	81.8	90.9
Serbia	2025	64.4	58.9	37.2	50.8	87.3	40.2
Saudi Arabia	2025	64.4	51.0	48.1	38.1	99.3	71.6
France	2025	64.4	92.9	74.3	84.2	54.3	0

Source : https://www.heritage.org/index/pages/all-country-scores

3.4 La France, toujours un vivier d'idée et de d'innovation

Le pays possède encore et toujours des entrepreneurs innovants, il suffirait de peu de choses pour qu'on puisse décoller à nouveau ! (Moins de charges, de lourdeurs, plus de flexibilité et de liberté).

Ci-dessous, quelques exemples totalement non exhaustifs ! Il existe tellement de pépites Françaises qui ne demandent qu'à éclore grâce à un environnement sain, sécurisé, avec une énergie abondante, des normes et des impôts réduits.

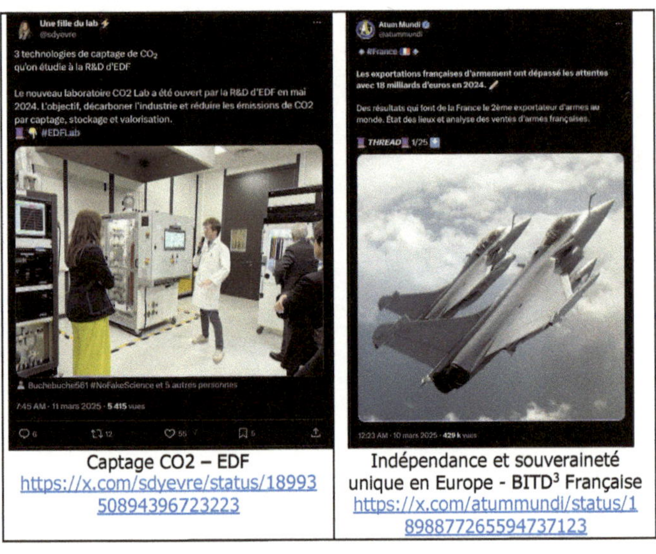

Captage CO2 – EDF
https://x.com/sdyevre/status/1899350894396723223

Indépendance et souveraineté unique en Europe - BITD[3] Française
https://x.com/atummundi/status/1898877265594737123

La France leader dans la gestion et la non-surutilisation des antibiotiques dans les élevages
https://x.com/legeniehumain/status/1904204743766925665

Savoir-faire et expertise de la BITD
https://x.com/OpexNews/status/1904523063208591414

La France, 2ᵉᵐᵉ ZEE mondiale, riche et pleine d'atouts à valoriser, possède son centre de lancement spatial etc.
https://x.com/MarineNationale/status/1905153564365787619

Nucléaire énergie bas-carbone écologique d'avenir, la France peut revenir en pointe
https://x.com/legeniehumain/status/1905325963551899688

La France et les terres rares https://x.com/legeniehumain/status/ 1905732187867246743	La France, championne mondiale de la transition et la souveraineté énergétique https://x.com/__phiphou__/status/ 1906008572292452430
La France est en pointe dans le médical https://x.com/legeniehumain/status/ 1917236987989471541	La France, leader de l'aviation civile https://x.com/guillaume_ggc/status /1915385206170640860

Et tant d'autres à retrouver auprès de personnes qui font cette veille comme Guillaume Gau :

https://x.com/guillaume_ggc ou Aymeric Pontet : https://x.com/legeniehumain

3.5 Quel avenir ?

La natalité est en baisse, mais nous devons continuer notre croissance. Les secteurs d'avenir sont l'énergie, l'agriculture et l'industrie de base, la **Robotique**, l'**Intelligence Artificielle**, l'**impression 3D**. Ces sujets pouvant être chacun reliés les uns aux autres selon les projets.

Les tensions et la guerre hybride (guerre cybernétique et ingérences étrangères) vont continuer à augmenter, aussi pour nous en prémunir nous devons bâtir des champions et des citoyens « combattants du numérique ».

La *sécurité informatique* sera ainsi toujours d'avenir.

Français réveillons-nous, l'avenir est au progrès ! Pour le climat et le CO_2, nous allons trouver des solutions, elles existent et des groupes de citoyens entrepreneurs et chercheurs travaillent déjà dessus en France et ailleurs ! Il y a un espoir via le progrès technologique !

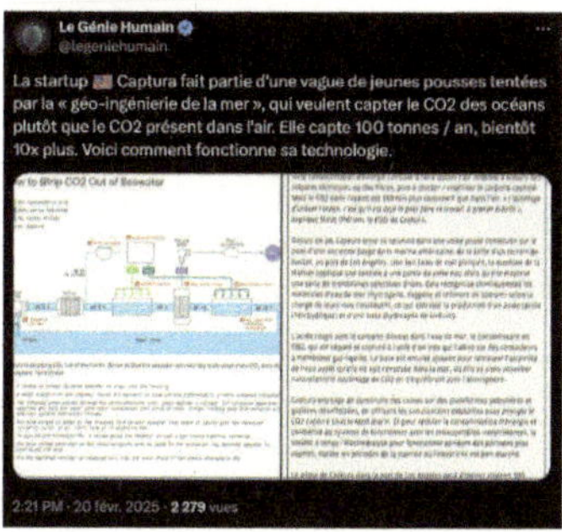

3.6 Les retraites un problème ?

Certains taperont sur les retraites, la « plus grosse dépense sociale » ! Mais c'est un état d'esprit à changer ! Ainsi, la question des retraités pourra être traitée plus tard (*des mesures peuvent quand même être prises à très court terme comme la fin de l'indexation des pensions au moins temporairement et la fin de l'abattement de 10%, afin d'aider l'effort collectif*).

Pourquoi ? parce que si nous mettons en place une croissance, un pays vertueux et innovant, et des fonds souverains basés sur nos atouts mais aussi une évolution plus forte du système des retraites pour les nouvelles générations (dont je pense faire partie) vers des solutions individuelles (capitalisation), l'ancien système de retraite deviendra une petite épine peu dérangeante.

4. Chapitre 2 – La France dans le passé ? Nous l'avons déjà fait !

4.1 Maximilien de Béthune (Duc de Sully)

Une situation économique catastrophique, notre pays l'a déjà connue à plusieurs reprises.

Le duc de Sully devient Ministre du roi de France (Henri IV), nommé au conseil des finances en 1596. Accompagnés d'une équipe de brillants conseiller (le collectif est important) il effectue les actions suivantes pour redresser les finances d'un pays exsangue de nombreuses guerres :

- Il crée une Chambre de justice pour lutter contre les malversations financières (*Aujourd'hui : lutte contre la fraude fiscale, la corruption, les subventions déguisées*),
- Il fait rentrer un arriéré fiscal considérable (*Aujourd'hui : lutte contre les fraudes fiscales, fraude TVA etc.*),
- Il paie des dettes écrasantes (*Aujourd'hui : remboursement de la dette publique*),
- Il fait annuler tous les anoblissements décrétés depuis 20 ans (*Aujourd'hui : Suppression de tous les petits privilèges et castes modernes, régimes spéciaux, etc.*),
- Il diminue les impôts (*Aujourd'hui : Suppression et diminution de tous les impôts*).

Ces actions (en plus d'améliorer les approvisionnements via la création de « *grands approvisionnements de guerre* ») combinés à une lutte contre les abus et une maîtrise des dépenses permettront à la France d'obtenir un trésor royal conséquent passant de 300 000 livres en 1598 à 12 millions en 1602 !

4.2 Nicolas François Mollien

Prenons un autre exemple plus récent, sous le Premier Empire et Napoléon.

Mollien devient conseiller d'État de Bonaparte en 1804, puis Ministre du Trésor. Avec la Révolution et les guerres, les finances du pays ne sont pas bonnes et vont être reprises en main, à tel point que malgré les guerres incessantes, il n'y aura jamais besoin de dévaluer la monnaie, ni emprunter (apportons un peu de nuance : tant que les batailles étaient gagnées cela aidait à rester dans le « vert »).

Mollien créa l'ancêtre du Trésor Public afin de surveiller tous les mouvements de fonds. Les finances étaient réduites au strict minimum pour le décideur (*recettes, dépenses, arriérés, ressources*) et il introduisit la comptabilité en partie double (toujours applicable aujourd'hui comme principe de base de toute comptabilité) afin de lutter et limiter la capacité de malversations des fonctionnaires.

Il fit surveiller aussi les opérations de la Banque de France et diminua les créances des fournisseurs d'État (*Aujourd'hui : les dettes publiques*). Dans l'intérêt de ne pas dilapider les fonds publics, il s'opposa fréquemment aux subventions accordées aux industriels. (*Aujourd'hui : les subventions et aides aux entreprises*).

Ainsi, dans les deux cas, les principes pour redresser le pays semble s'aligner et faire preuve du « bon sens paysan » ou « gestion en bon père de famille » que nous appliquons tous à titre personnel : tronçonner les dépenses inutiles, réduire drastiquement les dettes, lutter sans merci contre les fraudes et la corruption, baisser les myriades d'aides ainsi que les impôts.

Et vous savez quoi ?

Aujourd'hui, grâce à l'informatique, il est bien plus facile de lutter contre les fraudes et autres pour peu qu'on croise toutes les données (et bases de données) et qu'on utilise les technologies modernes (comme l'IA) à notre profit !

4.3 Quelques principes

Des économistes et autres chercheurs ont déjà démontré empiriquement que « *trop d'impôt tue l'impôt* ».

Nous entendons souvent parler de courbe de Laffer (au-delà d'un certain seuil d'impôt, les rentrées fiscales diminuent malgré l'augmentation du taux) ou courbe BARS (au-delà d'un certain niveau de dépense publique, environ 35%, l'État étouffe la croissance).

Nous sommes actuellement à 57%, à l'extrémité de la courbe.

Un politique qui n'aurait pas pour priorité de couper drastiquement (tronçonner) dans les dépenses est un guignol et nous ne devrions pas voter (ou revoter) pour lui.

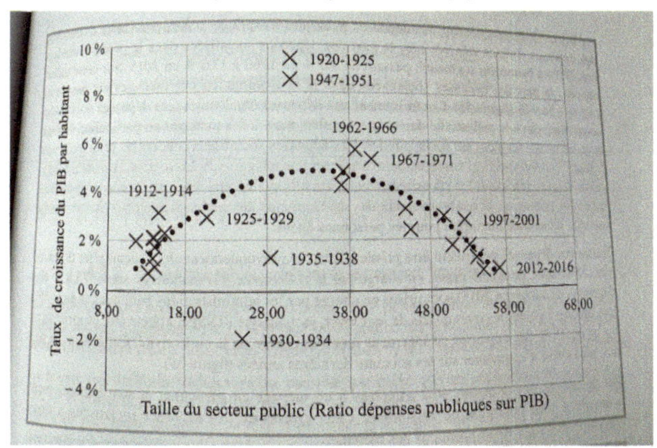

Courbe BARS

Source : https://x.com/Antonin_FR_/status/1912143176116089041

4.4 État d'esprit

Il est fini le temps où nous pouvions faire preuve d'humanisme à tout va, presque plus envers les « autres », lointains cercles, que les cercles de proches (famille, amis, citoyens français).

Il faut aussi en finir avec le tabou de l'argent. Nous devons tous évoluer pour aspirer à créer de la valeur, pour soi en premier lieu, afin que chacun à son niveau du maillon de la chaîne Française puisse ensuite contribuer collectivement et positivement.

Plus d'argent pour les industriels, les commerçants et les citoyens via des réductions d'impôts et de charges, c'est plus de consommation, plus de possibilités d'innover (il faut du temps et de l'argent) plus de possibilités d'entreprendre, plus d'indépendance pour choisir sa vie, ses études, ses soutiens à la culture etc.

L'argent tabou, c'est fini !

Le gratuit, c'est fini !

(Il n'existe pas / c'est nous le produit)

Par ailleurs, il semble évident et de bon sens qu'avec la natalité décroissante et le vieillissement de la population, il va falloir travailler mieux, plus et plus longtemps !

Nous devons aussi en finir les diplômes « Bac+5 » inutiles[4] (ex : les trop nombreux diplômés en Sciences Humaines et Sociales), valoriser à leur juste niveau les métiers manuels non délocalisables mais importants pour chacun de nous (électricien, chauffagiste, plombier, etc...) tout comme le taux d'emploi des seniors[5] devra s'améliorer. Les mesures comme la fin du collège unique, la sortie de la scolarité après un nombre d'années en université sans obtention de diplôme, un numerus clausus pour les filières sociales, la fin du tout gratuit et tout public doivent être des pistes à creuser.

Mais Alléluia, si nous baissons nos dépenses collectives, cela veut aussi dire que le travail rapporte plus, chacun à notre niveau.

---

[4] *On forme deux fois plus d'étudiants en SHS que de médecins et pharmaciens ... et un tiers de plus en SHS qu'en sciences fondamentales et appliquées*

2 Répartition des effectifs des universités françaises selon le cursus et la discipline en 2020-2021, périmètre historique (1)

	Cursus licence	Cursus master	Cursus Doctorat	Ensemble		
	Effectifs	Effectifs	Effectifs	Effectifs	Variation annuelle hors CPGE (en %)	Variation annuelle (en %)	Part des femmes (en %)
Droit, sciences politiques	135 387	76 942	6 359	218 688	3,1	3,1	66,9
Sciences économiques, gestion	137 132	62 386	2 836	202 334	-1,2	-1,2	53,4
AES	32 946	1 977	7	34 930	7,3	7,3	59,4
Pluridroit, sciences économiques, AES	2 447	801		3 248	-0,9	-0,8	57,3
Total économie, AES	172 525	65 144	2 843	240 512	-0,1	-0,1	54,4
Arts, lettres, sciences du langage	67 602	20 457	4 637	92 596	0,9	0,7	70,0
Langues	96 063	16 990	1 997	115 050	3,6	3,5	72,8
Sciences humaines et sociales	183 221	122 038	11 056	316 315	2,7	2,5	68,1
Plurilettres, langues, sciences humaines	5 388	4 052	37	9 477	-16,9	-16,7	72,4
Total arts, lettres, langues, SHS	352 174	163 537	17 727	533 438	2,1	1,9	69,5
Sciences fondamentales et application	162 225	80 610	14 833	257 668	2,7	3,0	27,8
Sciences de la nature et de la vie	67 407	25 696	10 324	103 427	4,4	4,0	63,7
Plurisciences	14 492	1 624	145	16 261	-1,7	-2,4	58,9
Total sciences	244 124	107 930	25 302	377 356	3,0	2,9	39,0
Staps	55 566	5 920	567	62 053	3,7	3,7	32,8
Interdisciplinaire (2)	647			647			47,6
Total disciplines générales	960 473	419 473	52 758	1 432 694	2,2	2,1	57,1
Médecine-odontologie	11 031	139 196	988	151 215	-1,7	-1,7	64,3
Pharmacie	293	23 257	143	23 693	-0,2	-0,2	65,6
Plurisanté	42 347	28	1	42 376	-25,0	-25,0	69,9
Total disciplines de santé	53 671	162 481	1 132	217 284	-7,2	-7,2	65,6
Total	1 014 094	581 954	53 930	1 649 978 (3)	0,9	0,8	58,3
Répartition en %	61,5	35,3	3,3	100,0			
Part des femmes en %	57,8	60,1	46,9	58,3			

► Champ : France métropolitaine - DROM.

[5] https://www.vie-publique.fr/en-bref/287858-emploi-des-seniors-plus-de-la-moitie-des-55-64-ans-en-emploi-en-2021

Et tout le monde va devoir payer[6] et participer. Les aides « à gogo » cela doit être fini aussi !

La contrepartie de la baisse des impôts pléthoriques est la nécessité de couper dans les dépenses de l'État drastiquement (« à la tronçonneuse ») et que chacun participe à son niveau à l'effort collectif et à l'impôt restant.

La France dépense trop, prélève trop et fait trop de social.
Le redressement de l'économie et l'amélioration du niveau de tous de chacun de nous passera par deux piliers primaires : énergie et sécurité.

« Je n'ai à offrir que du sang, du labeur, des larmes et de la sueur » - Winston Churchill

---

[6] Seuls 45% des Français paient l'impôt sur le revenu :
https://www.leparisien.fr/economie/impots/moins-de-45-des-francais-paient-limpot-sur-le-revenu-cest-grave-03-05-2024-SL2AYIELQFCNHF44Q32KJQ5TUY.php

5. Chapitre 3 – Les solutions – piliers de base

5.1 Energie

L'énergie est la base de toute société. Chaque évolution des sociétés humaines a pu se faire grâce à un changement d'énergie, plus fiable, plus abondante (*feu, charbon, pétrole, nucléaire*).

Aujourd'hui, la France possède un atout majeur, constamment attaqué depuis 30 ans par les politiques que nous avons élus au pouvoir, pour des prétextes électoralistes afin que la caste se maintienne à nos dépens !

Nous devons donc immédiatement stopper tout nouveau projet intermittent / énergie renouvelable (ENRi[7]). Ils mettent à mal notre production énergétique existante (*voir la panne électrique générale récente en Espagne / Portugal*), abondante et écologique (bas carbone) et nous coûte 45 milliards par an, pour en plus nous dégrader le parc nucléaire existant et le prix de l'énergie.

L'argent investi (*à l'étranger puisque ni la France ni l'Europe ne produise les bases pour les ENRi*) est perdu pour nos entreprises ; n'est pas investi dans notre « pétrole Français » et requiert une place et une quantité de matériaux supérieurs à notre pétrole.

---

[7] ENergies Renouvelables intermittentes

Nous devons immédiatement et pour très longtemps, investir dans le nucléaire. 4ème génération (EPR), réacteurs à sel fondus (RNR-Na) — les anciens projets Astrid et Superphénix, qui réutilisent les déchets nucléaires actuels nous permettant une souveraineté et une indépendance énergétique pour des milliers d'années.

Nous devons devenir le « pétrolier énergétique » moderne bas carbone pour notre pays et pour l'Europe, là où beaucoup de pays produisent une électricité très polluante (ex : Allemagne, Pologne, Italie etc.)

En 2025, nous en sommes à potentiellement devoir payer très cher pour se débarrasser de la surproduction électrique du fait de la non-consommation (désindustrialisation) et de la surproduction non pilotable (ENRi).

Alors que cette surproduction pourrait être utilisée pour :
- Subventionner notre industrie (tarif peu cher) et notre réindustrialisation ;
- Rendre du pouvoir d'achat aux commerçants et à nous-mêmes (citoyens) ;
- Ou encore créer un fonds souverain Français, sur base de l'exemple de la Norvège, pour amortir le problème des retraites par exemple :
    - Par le minage de cryptoactifs (ex. Bitcoin),
    - Ou l'amas des gains des exportations électriques en Europe,

- L'utilisation massive de l'électricité pour la production d'hydrogène et pousser cette filière innovante et ses industries en France !

A titre comparatif, une éolienne terrestre, c'est en moyenne 6,8 millions d'euros pour 4 MW installé. Avec un total d'environ plus de 10 000 éoliennes en France (carte source : https://fabwoj.fr/popeol-beta/?bl=OSM&osm_eol-data=true#6.5/47.261/5.294), cela fait un budget de 68 milliards d'euros, sachant qu'une éolienne ne produit pas en continue, ne peut pas moduler sa production possède un facteur de charge ridicule (elle produit 20 à 25% du temps, sinon 0).

Cela équivaut à environ 5 réacteurs nucléaires type Flamanville 3 (env. 12,5 milliards pour 1 650 MW et un facteur de charge de 80% par unité) !

Enfin la durée de vie d'une éolienne est de 25 ans, là où un réacteur est de 60 à 80 ans, et les ENRi requiert des investissements énormes dans le réseau.

Imaginez l'argent perdu pour nous, citoyens ; qui aurait pu être employé dans d'autres domaines ou pour continuer de renforcer notre indépendance et souveraineté énergétique afin de devenir l'énergéticien européen couplé à des solutions pour valoriser les surplus et alimenter un fond souverain !

5.2 Sécurité

« Aujourd'hui, nous sommes quelque part entre le 9ème et le 10ème siècle. Des bandes hostiles (Vikings, Sarrasins, Hongrois etc.) ravagent l'Europe. Beaucoup de grandes villes sont pillées. Les habitants doivent fuir pour se réfugier dans les campagnes. Le territoire se restructure. De petits espaces sécurisés et dynamiques se créent. La féodalité prend forme. L'ordre reviendra. »

Julien Rochedy, post sur X, Avril 2025.

Cocorico nous sommes les champions :

Europe: Crime Index by Country 2025

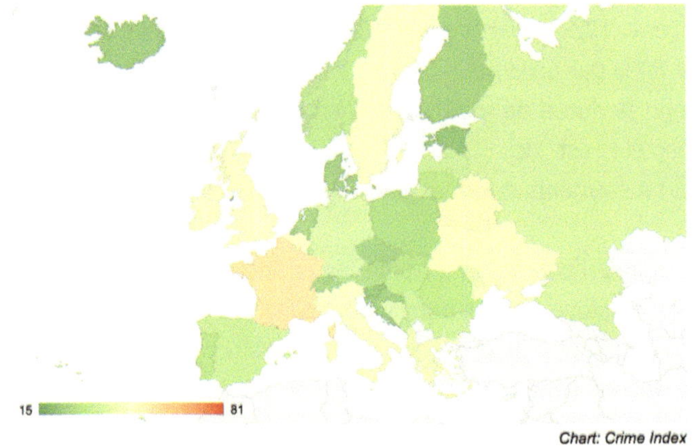

Chart: Crime Index

Source : https://www.numbeo.com/crime/rankings_by_country.jsp?title=2025®ion=150

Les violences et l'insécurité sont grandissantes. En 2025, nous connaissons des attaques de prisons, des maisons « rafalées » à l'arme de guerre, des coups de couteaux et meurtres en série, un trafic de drogue grandissant etc.
Ainsi, peut-on respecter les droits des gens honnêtes quand on respecte tout autant, voire plus, le droit des monstres ?
La réponse est NON.

Nous devons évoluer très rapidement vers un seul mot d'ordre : **fermeté**. Cela implique une autorisation large de la réplique violente pour les forces de l'ordre ; la fin des droits « à priori » pour les délinquants et criminels, qui, par défaut, ne doivent avoir que le minimum humain.
A ce propos, cette philosophie vaut aussi pour l'école et la société de manière générale. Les amendes devront être fortes et implacables même pour les moindres incivilités.
Pour paraphraser *Marius*, célèbre major de l'armée, il y a un cadre avec un bord droit et un bord gauche, n'importe qui sortant du cadre doit être recentré très sévèrement et très durement afin qu'il reste dans le cadre et n'ait aucune envie d'en sortir.
Nous devons accepter la violence légitime de l'État (du collectif) pour en finir avec la violence multi-quotidienne que nous subissons
Nous ne pouvons décemment accepter que nos enfants soient tués et violés, vivent dans la peur juste "par respect des droits de l'homme" des criminels et délinquants. Où est le respect des droits des victimes qui prennent en général perpétuité ?
Le temps des Bisounours, des doudous et des bougies est terminé.

En avril 2025, 65 attaques de prisons ou de biens des agents pénitentiaires ont été perpétrées en 3 semaines ! Soit environ 3 attaques par jour !

Dans la vraie vie, nous sommes arrivés à un tel niveau de violence pour les gens ordinaires qu'il devient impératif que l'armée s'occupe de notre pays qui est en guerre et fasse son boulot au côté des policiers et gendarmes, qui eux ne sont pas armés d'équipement de guerre. Les forces de l'ordre doivent bénéficier d'une présomption d'innocence avec impossibilité de mise en prison avant le jugement. Nous devons donner un blanc-seing aux policiers, gendarmes (aidés de l'armée) pour arrêter et saisir tous les biens des trafiquants, pour le calme et la sécurité de la majorité des citoyens des quartiers dits « sensibles ». C'est cela s'occuper vraiment des gens plus pauvres de ces quartiers qui subissent la délinquance, criminalité et les trafics au quotidien.

Ce sera dur au début, mais bénéfique pour le plus grand nombre à long terme.

5.3 Justice

Premier pilier de la sécurité. La liberté individuelle s'arrête là où commence celle des autres. Nous devons demander à ce que la Justice soit de nouveau rendue au nom du peuple Français, elle doit en priorité être rendue afin de protéger le droit de propriété et les victimes.

Aujourd'hui, c'est malheureusement l'opposé. Les remises de peines et les jugements minimisent les actes des criminels et délinquants (des gens mauvais, du mal) au détriment des victimes. Le système actuel déresponsabilise les citoyens de leurs actes et pernicieusement rejette la faute sur le gueux moyen, via une certaine morale, et un deux poids deux mesures permanent qui pousse à penser comme la doxa ou à se taire (fuite ou inaction).

Par ailleurs, notons qu'aujourd'hui nous pourrions considérer vivre dans une forme de dictature judiciaire (*Conseil constitutionnel qui réécrit une loi votée par les représentants de la Nation, Conseil d'Etat qui dicte la loi au-delà des textes par son interprétation selon son idéologie, Régulateur qui « de facto » organise la fermeture d'une chaîne de TV (première et plus populaire) sur base d'argument fallacieux*), où les juges et représentants de ces instances sont nommés (et non élus), indétrônables et non révocables, non contrôlés, non responsables.

Nous, citoyens, gueux, devons trouver une méthode afin de remettre ces personnes sous une forme de contrôle et de responsabilisation de leurs décisions envers le peuple qu'ils doivent servir.

En premier lieu, et sur le principe de l'armée, les juges ne devraient pas pouvoir constituer un syndicat (comme pour l'armée) car ils doivent rendre la justice au nom de nous tous.

Devrions-nous élire les juges ? pour un mandat déterminé et fixé ? Pourquoi ne pas demander un âge minimum afin de devenir juge (par exemple 28 ans, comme lors de la Révolution Française) afin d'éviter les esprits plus malléables et manichéens de la jeunesse ?

En second lieu, comment juger une situation réelle si on est déconnecté ? Il faudrait obliger les juges tous les 5 ou 10 ans à repartir 6 mois sur le terrain aux côtés des forces de l'ordre. Et dans leur formation je propose de mettre 4 x 6 mois de stage répartis en « bac de nuit », « pénitentiaire », « ASE » et enfin 6 mois au sein « du maintien de l'ordre (CRS) ». La justice doit se faire selon la réalité, et non depuis un bureau.

En termes de simplification, nous devons réduire les différentes juridictions inutiles. Pourquoi avoir besoin d'un juge d'application des peines (JAP) qui va modérer le jugement ? Le JAP est une erreur philosophique et ne devrait pas exister : si les jugements sont rendus au nom du peuple français, un juge - non élu de surcroît - ne devrait pas pouvoir redéfinir une peine (et surtout l'alléger) c'est contraire à l'esprit de Justice.

La surpopulation carcérale est un faux débat, sachant que 25% des places de prisons sont prises par des étrangers et que nous n'avons pas construit de places supplémentaires comme prévu / promis depuis 2017.

Par ailleurs, nous devons demander immédiatement l'application des simplifications suivantes pour remettre la sécurité et le respect au centre des vies des citoyens :
- Fin des remises de peine et application de peines planchers ;
- Peines automatiques pour les mineurs délinquants (atteinte aux personnes ou au biens publics) et suppression de facto pour les parents de toutes aides liées aux enfants ;
- Fin de l'excuse de minorité et responsabilisation des parents ;
- Perpétuité réelle et définitive pour les violeurs Français, ouverture du débat sur la peine de mort ;
- Fin de l'excuse de réinsertion ;
- Suppression du droit du sol ;
- Suppression du droit d'asile ;
- Suppression du regroupement familial.

En dernier lieu, dans cet esprit de retour de la fermeté et du respect, nous devons demander pour un changement de paradigme auprès des forces de l'ordre (FDO). Nous devrions demander un tribunal spécial pour les FDO avec présomption de légitimité/défense d'une part, ainsi que l'autorisation aux FDO d'user de la force pour conserver un territoire (après les sommations nécessaires ; et la présomption d'une rébellion violente en cas de non-respect de la sommation).

Le tribunal spécial devrait être composé de juges formés au maniement des armes et qui pourraient être recrutés parmi les commissaires (le concours de commissaire est réputé extrêmement dur et sélectifs).

N'étant pas un spécialiste juridique, j'oublie certainement des points, mais la philosophie que nous devons demander aux politiques et aux juges est la seule solution réellement efficace : pour les individus dangereux pour le clan, les isoler dans des lieux qui les coupent totalement du monde civilisé. Pour les autres citoyens fautifs, c'est plus généralement la privation du confort, l'autorité à chaque seconde d'enfermement.

Les droits individuels ne peuvent plus se faire au détriment du collectif innocent.

5.4 Droit du sol et regroupement familial

Nous ne pouvons plus accueillir des gens d'autres pays avant d'avoir maîtrisé la situation interne et avant d'être revenu à une situation normale de sécurité dans le pays. Le droit du sol et le regroupement familial (véritables appels d'air) doivent être abolis immédiatement.

5.5 Trafics de drogue

Concernant les trafics, nous n'avons pas d'autres choix que d'utiliser notre armée. A ceux qui disent qu'elle n'est pas faite pour le maintien de l'ordre, ils oublient que leur logique est applicable aux pays apaisés. Notre armée a fait effectivement du maintien de l'ordre dans les pays en guerre ; et nous sommes en GUERRE. Les trafiquants sont lourdement armés et doivent être traités comme des ennemis de guerre.

Les « quartiers » et points de deal doivent être mis sous couvre-feu militaire le temps de faire des descentes partout. Un grand plan d'arrestations de toutes les personnes liées au trafic de drogue et de confiscation de tous les actifs doit être mis en œuvre.

La reprise du territoire sera violente, mais nous devons donner le droit aux militaires et policiers de tirer à vue ; de perquisitionner à n'importe quelle heure.

La justice d'exception devra suivre et ces individus doivent être sortis sans ambages de la société ; mis en prison de type

Salvador *(pas de sorties footing à Fontainebleau, pas de karting ou de sorties au musée, pas de téléphone portable ou autre, fouilles régulières et systématiques, etc.).*
Enfin, les consommateurs doivent être pénalisés (fortes amendes), car ils financent le problème.

5.6 Immigration

« Si une communauté n'est pas acceptée, c'est parce qu'elle ne donne pas de bons produits, sinon elle est admise sans problème. Si elle se plaint de racisme à son égard, c'est parce qu'elle est porteuse de désordre. Quand elle ne fournit que du bien, tout le monde lui ouvre les bras. Mais il ne faut pas qu'elle vienne chez nous pour imposer ses mœurs. » - Charles de Gaulle.

Sur le même principe que le droit du sol et le regroupement familial, l'immigration doit être arrêtée le plus possible. 64% des Français partagent l'idée qu'il faut arrêter l'immigration extra-européenne en France ; 56% au centre et 45% à gauche (dont 49% au PS), selon l'*Enquête de l'Institut CSA, septembre 2023. (Il y a déjà 2 ans donc !)*

Et la situation a continué d'augmenter depuis 2023. Cela coûte de l'argent public (nos impôts) en gestion, en justice, en police et sécurité, en dégradations, en subventions inutiles d'associations etc.

Le taux d'activité des immigrés (1er et 2ème générations) est inférieur à celui des Français. Ils sont surreprésentés dans les logements sociaux. 90% de l'immigration est composée de l'asile, des études ou du regroupement familial. Toutes les études et méta-études faites en Europe montrent que l'immigration de masse du tiers-monde constitue un coût net pour les pays d'accueil.

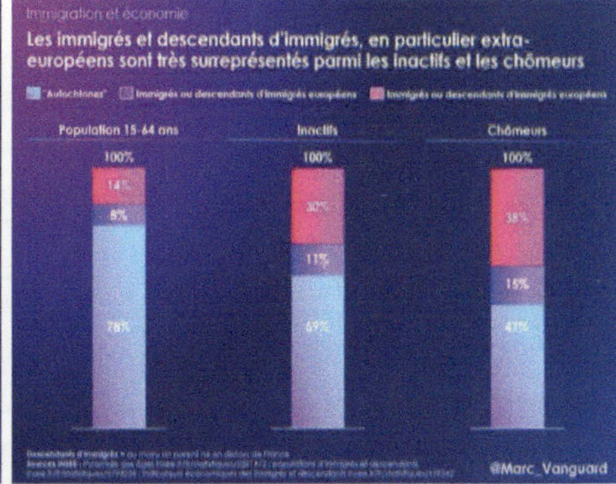

Statistiques Marc Vanguard (X)

Du reste, le simple bon sens permet de comprendre que l'immigration telle que nous la connaissons ne peut que nous coûter monstrueusement cher : immigration faiblement qualifiée dans une économie désindustrialisée, chômage de masse ne se résorbant pas ou via des créations d'emplois publics.

Aujourd'hui, croire à l'apport économique positif de l'immigration de masse, sans sélection donc, est l'équivalent intellectuel du platisme.

Nous devons effectuer un renvoi immédiat des clandestins et personnes illégales même sans accord avec le pays d'origine. En cas de non-accord, nous devons de nouveau faire preuve de fermeté et renvoyer « manu militari » ces personnes dans l'illégalité. Le cas échéant : nous devons couper les envois financiers vers les pays qui ne veulent pas reprendre leur ressortissant (OQTF, fiché S et autre fichage pour terrorisme ou condamnation), puis accepter l'augmentation crescendo du rapport de force.
En 2025, l'ère de la diplomatie gentille de salon est terminée (que cela soit malheureux n'est pas le sujet pour nous citoyens). La suppression de la binationalité Française doit être discutée et mise au référendum par les citoyens.

A ce sujet, la France possède la seconde ZEE (Zone Économique Exclusive) du monde. Nous devons accroître notre protection des côtes (partout, mais par exemple à Mayotte) et, à nouveau, autoriser les actions fortes sur les bateaux qui ne s'arrêtent pas lors des contrôles. Ce n'est pas « gentil », mais le monde n'est pas fait de « gentils » malheureusement.

5.7 Prisons, Bagne et Peine de mort ?

« To liberate millions, you have to imprison some » -
President of El Salvador Nayib Bukele

Nous devons réouvrir ce débat. Les victimes (de viol ou de meurtres, notamment d'enfants) prennent perpétuité, sans qu'aucune justice ne se soit appliquée avant. Dans cet esprit de remise de *l'église de la fermeté* au centre du village France, nous devrions penser (et mettre au référendum des citoyens) la remise en place de la peine de mort pour les terroristes, tueurs et violeurs d'enfants.

Pour le reste, les prisons actuelles étant des passoires totales, des « club meds » où circule nourriture en abondance, téléphones, tablettes, drones, drogues etc. il est pertinent de voter pour une politique, dans un premier temps, de fin de tous les droits dans les prisons exceptés un lit, une douche, un WC, à boire et à manger. Les personnes de nationalité étrangère doivent être expulsées immédiatement et sans condition afin de redonner des places disponibles pour les délinquants et criminels Français.

Les prisons japonaises et l'exemple salvadorien devraient nous aiguiller sur ce qui fonctionne.

Devrions-nous ouvrir à nouveau un « bagne » comme à Cayenne à l'époque ?

Encore une fois, ce n'est pas « gentil », mais les gens en prison n'ont pas de droits possibles face à leurs victimes, point barre.

Le cas échéant, nous basculerons de plus en plus dans la violence avec les citoyens se faisant de plus en plus justice eux-mêmes (ce qui est compréhensible humainement), continuant notre lente descente.

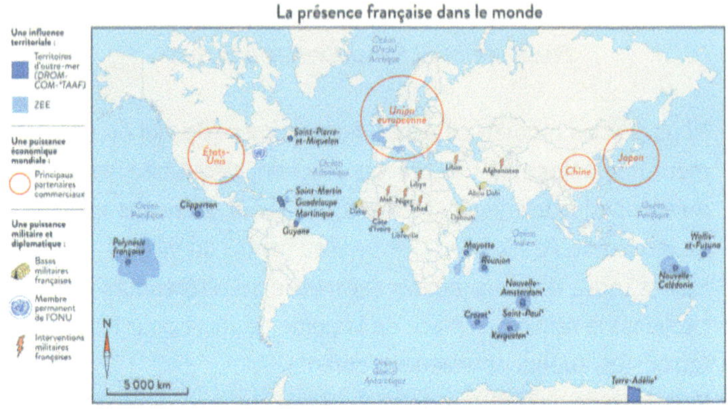

Nous devons en finir avec les OPEX (opérations extérieures) dans des pays étrangers et nos bases militaires en Afrique *(à discuter avec l'état-major pour les bases de Djibouti et Abou Dhabi, étant donné leur localisation et potentiel stratégique pour nos territoires de l'océan Indien et du Pacifique).* « *Chacun chez soi et les hippopotames seront bien gardés* »; ce qui, par ailleurs, nous évitera toutes les accusations de paternalisme, d'ancienne puissance coloniale ou d'ingérence de pays étrangers.

L'armée (Terre, Marine, Air & Espace, Cyber) doit être redéployée pour :

- Protéger nos territoires, notre ZEE, notre souveraineté numérique ;

- Boucler et mener une guerre sans merci aux trafics et à la criminalité associée partout (contrôles d'identité obligatoires et systématiques) sur nos territoires (tant métropole qu'ultra-marins).

Les militaires seront armés et auront le droit de répliquer / tirer à vue sur toute personne ne souhaitant pas se soumettre à un contrôle.

5.9 Sécurité agricole, alimentaire

La France était le deuxième exportateur agricole mondial il y a encore quelques années et nous sommes en train de perdre petit à petit notre compétitivité et souveraineté alimentaire.
Le premier pas doit être dans la fin des importations déloyales, qui ne sont pas conformes aux normes demandées aux producteurs locaux.

Délestés d'impôts et de régulations assommantes, nos agriculteurs fleuriront dans un des meilleurs terroirs du monde, si ce n'est le meilleur.

A terme, une fois les normes et réglementations tronçonnées, nous devrons envisager la fin des aides et subventions à l'agriculture (Politique Agricole Commune / PAC : 10 milliards/an).

5.10 Souveraineté

Les points ci-dessus ne pourront pas être mis en place avec le carcan actuel de certains traités internationaux et de la bureaucratie européenne. Comme mentionné précédemment, nous devons sortir de la CEDH immédiatement et remettre en cause tous les traités internationaux relatifs à des pays passe-droit sur l'immigration (ex : accords de 1962 et 68 avec l'Algérie). Nous gueux et citoyens devons demander ces sorties.

Il faut bien aussi que chacun de nous comprenne que le passé ne sera plus. Il y a de grands mouvements géopolitiques entre grosso modo, « l'Occident » et les « BRICS » ou pays émergents, qui pour certains ne sont plus du tout émergents et nous ont même dépassés. Notre souveraineté est vitale afin que nous puissions manœuvrer selon nos intérêts et ceux de notre pays, face aux intérêts des autres nations. Nous sommes bien évidemment amis avec les Américains et les autres pays européens, mais nous ne devons pas devenir des vassaux. Sans être un expert géopolitique, nous devons tous comprendre qu'une Europe fédéraliste (qui est le projet actuel, soyons réaliste) est globalement une catastrophe et une soumission quand il s'agit de notre souveraineté Française.

Nous citoyens devons être fiers de notre pays, pas seulement pour les compétitions sportives. Vive la France ! Nous sommes par exemple la seule armée en Europe qui est aguerrie et possède une industrie souveraine et indépendante sur énormément de matériels. Continuons de voter pour les politiques qui font de l'ITTAR-free (= indépendant des USA) un mantra. Nous sommes LE pays leader en Europe sur un grand nombre de sujets et il est temps d'arrêter de se faire marcher dessus.

5.11 Aparté Russie et ingérences étrangères

Quand la Russie veut déstabiliser l'Europe, elle pousse à l'élection de partis écolos favorables à une perte de souveraineté énergétique, des gens capables d'obtenir l'arrêt total du nucléaire allemand par exemple. Ça c'est efficace.

Soyons pragmatiques et ouvrons nos yeux. L'OTAN ne protège pas nos territoires Français en dehors de l'hexagone et de l'île de beauté. Nous sommes seuls sur le reste de notre grand territoire. La Russie n'est pas amie, mais pas plus que les Etats-Unis. Idem entre l'Algérie et le Maroc… ni l'un ni l'autre.

Regardons et renseignons-nous sur les ingérences étrangères abominables du « *Baku Initiative Group* », évanescence de l'Azerbaïdjan, soutenant les mouvements indépendantistes qui souhaite tout brûler et casser (ex : Nouvelle Calédonie, Martinique). Et pourtant l'Europe continue d'acheter le gaz azerbaïdjanais, tout comme l'Europe en 2024 a acheté des quantités folles de gaz liquéfié Russe malgré les sanctions… Ne soyons plus hypocrites ni naïfs. Ces ingérences se combattent férocement, et combattons notamment la Russie au niveau de la cyberdéfense et de la guerre numérique.

5.12 Religions

La France est la fille aînée chrétienne d'Europe, nous sommes de culture chrétienne et il n'est pas un village en France qui n'ait pas son église. Nous devons affirmer et être fiers de cette Histoire et de nos racines, redonner un sens à ce qu'est « être Français » à nos enfants. Le nombre d'actes anti chrétiens est le plus élevé des autres religions et le nombre d'incendies d'églises est croissant...

Ainsi, nous devons acter la fin de toute construction de nouveaux lieux de cultes autre que chrétien ; et promulguer l'interdiction pure et simple des écoles coraniques liées à l'islamisme ainsi que le port de signe religieux, du voile ou de tout outil de militantisme religieux flagrant autre que chrétien (sous peine d'amende) dans tous les lieux publics (écoles, administrations, université etc.)

A ce sujet, nous devons en terminer avec la dictature des minorités sur le plan gastronomique. L'abattage des animaux dans les pires atrocités n'ont pas leur place dans notre culture Française.

« On reconnaît le degré de civilisation d'un peuple, à la manière dont il traite ses animaux. » - Gandhi

Enfin, l'Histoire et le « bon sens » devraient permettre à chaque Français de comprendre que les points ci-dessus ne sont ni du racisme, ni de l'islamophobie ou « autre religion »-

phobie ; pour lesquels pourtant la gauche française criera à hue et à dia.

Comme disait Oscar Wilde *« ce qu'il y a de pire chez le fanatique, c'est sa sincérité ».* Et les organisations religieuses conquérantes comme les Frères Musulmans (islamiques) sont très sincères sur leur projet de conquête de l'Occident. Nous devrions voir et lire que cette organisation est déclarée terroriste dans nombre de pays musulmans tels que l'Égypte, l'Arabie Saoudite et même dernièrement en Jordanie, pays à majorité palestinien ! En quoi serions-nous plus informés et intelligents que ces pays pour les considérer comme inoffensifs ?

Prenons un autre exemple, en 1979, lors de la révolution en Iran, la France abritait le religieux Khomeini et lui a permis d'aller en Iran. Les alliés communistes ont tous été tués et pourchassés, et voyez aujourd'hui les Iraniens (Femmes et hommes) se faire tuer pour des droits aussi basiques que s'habiller sans voile religieux !

Alexandre Soljenitsyne écrivait :
« Vous devez comprendre que les bolchéviques qui firent le coup d'État de 1917 n'étaient pas des Russes. Ils haïssaient les Russes. Ils haïssaient les Chrétiens. Mus par une haine ethnique revancharde, ils torturèrent et assassinèrent des millions de Russes sans l'ombre d'un remord humain. Jamais cela ne sera assez dit : Les bolchéviques ont accompli le plus grand meurtre de masse de tous les temps. Le fait que la plupart des gens soient ignorants et indifférents devant cet

énorme crime est la preuve que les médias mondialistes sont dans la main des perpétrateurs de celui-ci. »

6.1 Aparté retraités actuels

Les boomers (né entre 1945 et 1965) n'ont vraiment pas de retraites géantes. Ils ont eux aussi cotisé à un Ponzi national, simplement ils étaient plus pour payer avec moins de bénéficiaires.

La triste réalité est la spoliation des actifs dans une partie de plus en plus grandissante de leurs revenus tandis que les retraités sont loin de rouler sur l'or.

Aujourd'hui, avec à peine un peu plus d'un cotisant par retraité, il est encore plus impossible d'en être autrement que par le passé.

Certains ajustements doivent permettre au système d'être un peu plus soutenable (fin de l'abattement de 10% sur l'impôt sur le revenu et la désindexation des pensions). Mais nous ne réglerons pas le problème de fond avec ceci.

Le problème vient du système par répartition, système de Ponzi, les actifs ne cotisant pas pour LEUR retraite mais celle des retraités actuels ; système s'écroulant avec la baisse de la natalité. En France, le taux de fécondité est maintenant en dessous de 2 enfants par femme (1,62 en 2024, largement décroissant), impliquant une diminution de facto de la future population active.

Seule la capitalisation permettra d'éviter à terme la catastrophe, avec l'augmentation de l'âge de la retraite (même si transitoire). La transition sera dure mais il n'y a tout simplement pas d'autres solutions.

Selon le recueil de statistiques de la Caisse Nationale d'Assurance Vieillesse (CNAV) publié le 9 août 2024, les pensions de retraite de base ont effectivement subi une perte de pouvoir d'achat par rapport à l'inflation sur les vingt dernières années.

Plus précisément, entre fin 2003 et fin 2023, les pensions de base ont été revalorisées de 29,8 % en cumulé, alors que l'inflation hors tabac a atteint 39 % sur la même période. Cela représente un décalage de 9,2 points entre la revalorisation des retraites et l'inflation. Mais il y a eu une revalorisation des pensions de base : +5,3 % au 1er janvier 2024 et une revalorisation des pensions de base : +2,2 % au 1er janvier 2025, alignée sur l'inflation moyenne 2024.

Cela dit les fonctionnaires ont encore plus perdu... pratiquement le double ![8]

Arrêtons ainsi d'opposer les populations d'actifs et de retraités, les « c'était mieux avant » et autres poncifs. Regardons l'avenir, qui sera difficile, mais pas impossible.

5. Comparaison synthétique (2003-2025)

Groupe	2003-2023 (vs inflation 39 %)	2024-2025 (vs inflation 4 %)	Total 2003-2025 (vs inflation 43 %)
Retraités (pensions)	-9,2 %	+0,8 %	-8,1 %
Fonctionnaires (point d'indice)	-13,4 %	-1,7 %	-15,1 %
Actifs (salaire moyen privé)	+12,7 %	+1,8 %	+14,5 %
Actifs (SMIC)	+6 %	+0,4 %	+6,4 %
Actifs (bas salaires)	-3 à -5 %	~0 %	-3 à -5 %

- **Retraités vs fonctionnaires :**

  - Les fonctionnaires (point d'indice) ont subi une perte de pouvoir d'achat **plus importante** (-15,1 %) que les retraités (-8,1 %) sur 22 ans.

8

6.2 Économie

6.2.1   Philosophie économique des gueux, des « Nicolas et Chloé »

Une action rapide : chaque citoyen actif doit ouvrir un PEA et PER ! Nous devons nous prendre en main, chacun de nous. La bourse et le capitalisme ne sont pas honteux, ni un casino. Cela permet de démultiplier l'épargne et de faire grandir chacun de nous, de s'intéresser à un sujet crucial pour notre avenir et central dans le monde d'aujourd'hui (la finance), de ressentir l'appartenance à des entreprises (si Française) dans lesquelles nous investissons.

Nous ne devons pas pousser les citoyens à acheter n'importe quoi, n'importe comment. Mais rater l'investissement à long terme (30 à 40 ans) et les intérêts composés, sur des produits stables et en croissance (ou des dividendes à réinvestir) est une ERREUR majeure, même pour des petites sommes mensuelles.

Seuls 6 millions de citoyens ont un PEA ouvert sur 31 millions d'actifs, soit seulement 19% des actifs qui épargne pour eux-mêmes à long terme.

Le budget doit être taillé à la « tronçonneuse », simplifié (vraiment), quitte à revenir sur des erreurs potentielles dû à des prises de décisions trop larges et rapides. Ce n'est pas grave de commettre des erreurs, mais c'est extrêmement néfaste de rester dans le dogme, dans l'inaction sous prétexte de ne pas vouloir faire d'erreurs.

Soyons pragmatiques, si nous commettons des erreurs, revenons dessus avec le recul nécessaire, mais arrêtons d'être dans l'immobilisme permanent.

6.2.2 Dette

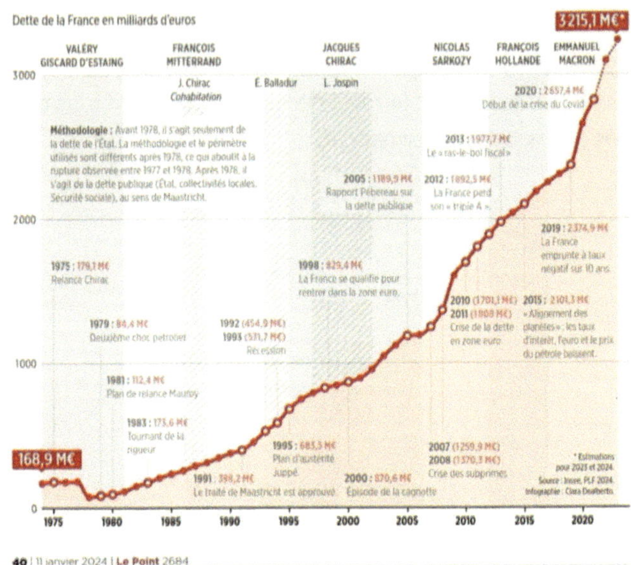

La dette est un poison, surtout qu'elle est massivement utilisée pour le fonctionnement du pays, alors qu'elle devrait l'être pour l'investissement, pour l'avenir. Ensuite, et contrairement au Japon, 50% de dette est détenue par des pays ou créanciers étrangers, ce qui réduit notre souveraineté encore une fois ! Nous **devons** la rembourser afin de ne plus dépendre de créanciers étrangers au plus vite. *(Rappelez-vous le chapitre au début sur notre Histoire)*.

6.3 Tronçonneuse

Symboles des travailleurs taxés/spoliés, les « Nicolas », avec une lanterne rouge et une tronçonneuse, symbole de l'afuerisme. (générée par IA)

6.3.1   Normes

Nous devons nous occuper d'assainir et c'est impossible de s'occuper du présent, si nous nous rajoutons toujours plus de contraintes. Il faut décréter la fin immédiate de tout ajout de normes jusqu'à nouvel ordre, et abroger sans délai toute sur-normes par rapport à nos voisins. (DPE et autres joyeusetés inutiles).

De la même manière, nous ne pouvons entrevoir un avenir mondialisé et de croissance pour nous, si nous nous auto-flagellons. Le protectionnisme n'est pas un gros mot et nous devons pousser à l'interdiction des importations qui ne sont pas au même niveau de normes que la production locale.

Enfin, les codes doivent être sabrés. Oui il faut protéger les faibles contre les puissants, mais pensez-vous que les carcans et camisoles actuelles permettent la flexibilité nécessaire pour s'adapter au monde et nous protège ? Au mieux, les puissants peuvent toujours se délocaliser pour produire ailleurs. Ainsi, ne réinventons pas la roue et simplifions, par exemple, le code du travail sur le modèle Suisse. Nous avons besoin d'aller vite et bien, transposons le code du travail Suisse de 66 pages en droit Français à la place de nos 3000 pages ; pour commencer.

Les salariés Suisses ne sont pas les plus malheureux du monde, sachant que le SMIC chez notre voisin est 3 à 4 fois plus élevé.

Autre exemple, les ZFE, norme moderne de ségrégation sociale est à supprimer manu militari.

6.3.2   Mille-feuille administratif

Nous devons en terminer avec le chômage réglé par l'emploi public, les responsabilités diluées sans fin, les « maisons de fous » administratives.

Moins de CERFA, plus d'AFUERA.

En 2014 en France il y avait :

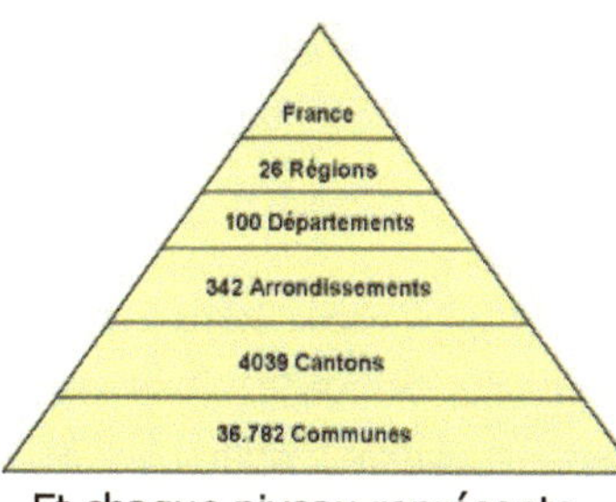

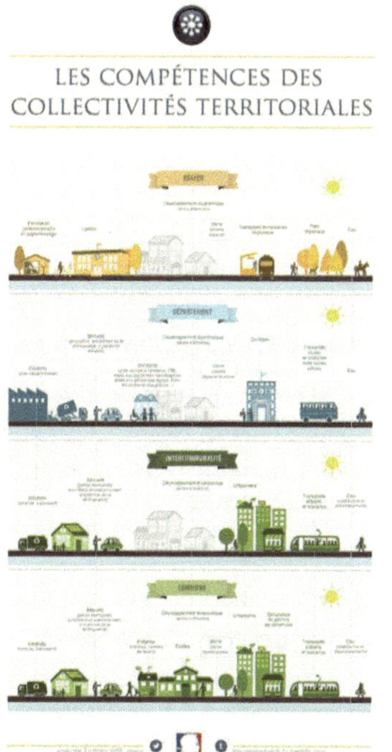

Et chaque niveau représente un mille-feuille de compétences complexes à gérer :

Nous sommes passés de 0,7 fonctionnaires pour 100 habitants en 1820, à 9,1 pour 100 habitants en 2025, soit plus de 6 millions de fonctionnaires !

Nous devrions simplifier et voter pour les politiques ne proposant qu'un maximum de 3 niveaux :
- Commune,
- Département,
- Région.

De la même manière, les découpages électoraux et inepties anti-démocratiques doivent être dégagés et le nombre de députés réduit à un par département pour faire des économies et remettre du pouvoir aux députés ; soit un total de 101 députés.

Sur le même principe, aujourd'hui l'emploi public administratif est un pourvoyeur de la baisse du chômage. Ainsi les administratifs doivent être largement éliminés pour plus de service public de terrain, dans l'instruction nationale et la santé notamment, qui doit être accompagné d'une responsabilisation des métiers terrain, avec un allègement des reportings en conséquence.

Ces emplois publics supprimés, doivent retourner dans le privé afin de créer de la valeur pour le pays, payer des impôts et participer à la croissance collective, plutôt que de la ponctionner pour de l'administratif.

Le même objectif doit être cherché dans toutes les administrations. Les fonctionnaires doivent être au service des citoyens, en contact avec les citoyens (par ex. les patients et les élèves) et non derrière un bureau à gérer de l'administratif.

Ainsi sur la base des ministères 2025, je propose de garder les suivants :

-   Ministère des Armées ;
-   Ministère des Affaires Étrangères ;
-   Ministère de l'Intérieur ;
-   Ministère de la Justice ;
-   Ministère de l'Instruction Nationale et de la Recherche ;
-   Ministère de la Santé ;
-   Ministère de l'Économie et des Finances.

Le patrimoine historique, véritable richesse de notre pays, atout touristique d'une part, devoir de mémoire d'autre part, sera à la charge des villes à la discrétion des dons privés.

Soit un total de sept, et l'économie de la « coordination gouvernementale » de 700 millions d'euros / an.

Ministères

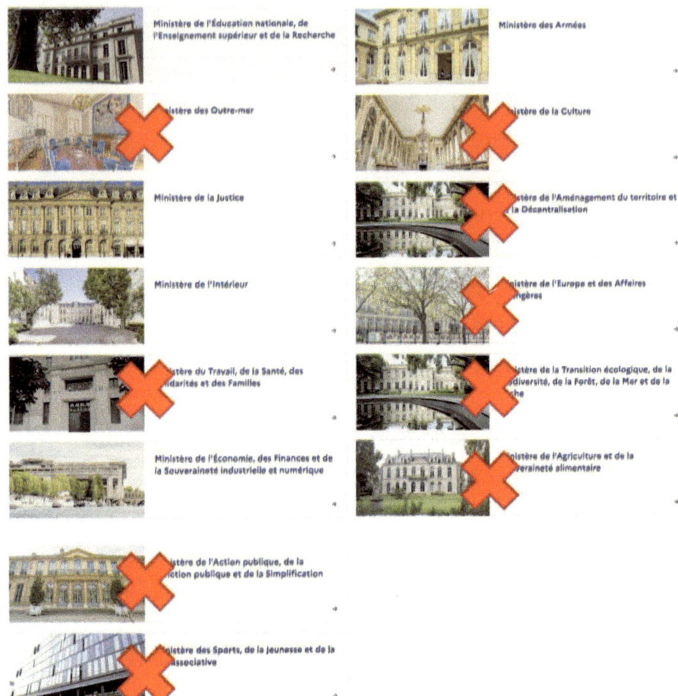

Ministère de l'Éducation nationale, de l'Enseignement supérieur et de la Recherche
Ministère des Armées
Ministère des Outre-mer
Ministère de la Culture
Ministère de la Justice
Ministère de l'Aménagement du territoire et de la Décentralisation
Ministère de l'Intérieur
Ministère de l'Europe et des Affaires étrangères
Ministère du Travail, de la Santé, des Solidarités et des Familles
Ministère de la Transition écologique, de la Biodiversité, de la Forêt, de la Mer et de la Pêche
Ministère de l'Économie, des Finances et de la Souveraineté industrielle et numérique
Ministère de l'Agriculture et de la Souveraineté alimentaire
Ministère de l'Action publique, de la Fonction publique et de la Simplification
Ministère des Sports, de la Jeunesse et de la Vie associative

6.3.3   Budget

Si nous avions une classe politique responsable :
- Les gens de gauche désireraient nous aligner sur le Danemark (gouvernement de gauche) : 12% de moins de dépenses publiques et 0 déficit ;
- Les politiques du centre souhaiteraient nous aligner sur les Pays-Bas qui ont 20% de moins de dépenses publiques ;
- La droite chercherait à nous emmener sur un alignement avec la Suisse (27% de dépenses publiques en moins !) ;
- Les libéraux rêveraient de nous aligner sur l'Irlande avec 37% de dépenses publiques en moins.

Malheureusement, notre état d'esprit étant aussi fermé qu'une huître, nous avons une classe politique shootée à la dépense publique incapable de la réduire depuis 60 ans, et des électeurs (nous) responsables de leurs élections successives sur la base de promesses à telles ou telles castes (au détriment des autres).

Préambule

Les recettes nettes du budget général de l'État s'élèvent à 312 mds €, les charges nettes à 453 mds €. Le solde du budget de l'État (budget général, budgets annexes et comptes spéciaux) est de -147 mds € (Chiffres 2024 : https://www.budget.gouv.fr/reperes/loi_de_finances/articles/le-budget-de-letat-vote-pour-2024). Ceci nous donnera un ordre d'idée de la liste à la Prévert des coupes juste après.

Objectif

Nous devons viser à nous aligner avec les États les plus performants, soit un maximum de 30% de dépenses publiques par rapport au PIB.

Les politiques doivent respecter deux règles d'or :

- Le budget déficitaire est impossible ;
- Dépenses publiques maximum de 30%.

Le tronçonnage pur et dur

Les points dont nous devons pousser la découpe immédiatement :

- Arrêt de la transition énergétique (comme vu dans le premier pilier sur l'énergie) : 45 milliards / an ;
- Arrêt de l'emprunt indexé sur l'inflation afin d'arrêter de payer des intérêts improbables et inconnus ;
- Suppression de toutes les agences gouvernementales (ou privatisation) : 80 milliards / an dont :

- Fin de tous les comités Théodule : 30 millions / an (https://www.tf1info.fr/politique/video-reportage-aussi-chers-qu-inutiles-qu-est-ce-que-ces-comites-theodule-auxquels-le-gouvernement-de-gabriel-attal-veut-s-attaquer-2285482.html) ;
    - Fin du CESE : 45 millions / an (https://www.lecese.fr/decouvrir-cese/budget-du-cese) ;
    - Fin de l'Aide Française au Développement : 16 milliards / an (https://www.afd.fr/fr/actualites/8-choses-savoir-sur-laide-publique-au-developpement) ;
    - Suppression de l'ADEME : 4 milliards / an (https://presse.ademe.fr/2023/10/un-budget-de-42-milliards-deuros-et-des-moyens-humains-renforces-pour-lademe-en-2024.html).
- Suppression de la CAF puisque nous ne gardons d'une prestation d'un montant strictement égal pour chaque enfant (pouvons être traité par le service des impôts) : 50 milliards/an économisé en coût de fonctionnement (https://www.insee.fr/fr/statistiques/4277707?sommaire=4318291) ;
- Suppression du ministère de la Culture : 11 milliards / an (https://www.culture.gouv.fr/Actualites/Le-budget-du-ministere-de-la-Culture-connait-une-progression-significative) qui n'a pas besoin de subventions pour fleurir, chaque citoyen pourra investir l'argent qu'il a dans la culture qu'il souhaite supporter, dans le sens aider.
    - Dont privatisation audio / radio public : 4 milliards / an (https://www.telerama.fr/television/audiovisuel-public-malgre-un-budget-2024-en-hausse-les-inquietudes-persistent-7017362.php) ;
- Suppression du Ministère du travail : 23 milliards / an. Avec les baisses d'impôts conséquentes et la

flexibilisation des contrats, il n'y aura plus besoin de politiques publiques pour le travail, régie par le marché ;

- Suppression de la coordination gouvernementale pour 700 millions / an ;

- Fin de toutes subventions aux associations : 23 mds (8 mds pour l'état https://www.budget.gouv.fr/documentation/file-download/22089, le reste pour les collectivités locales: https://www.ifrap.org/budget-et-fiscalite/plus-de-23-milliards-de-subventions-publiques-aux-associations-par-et-quasi-pas-de-controle) ;

- Fin du recours aux cabinets de conseil : 1 milliards / an (https://www.capital.fr/votre-argent/recours-aux-cabinets-de-conseil-par-letat-les-chiffres-qui-revelent-lampleur-du-phenomene-1473806), l'administration est suffisamment dotée de citoyens intelligents et capables ;

- Fin de l'Aide Médicale d'État : 1,2 milliards / an ;

- Fin de l'ASPA (retraite pour les étrangers n'ayant jamais cotisé au système collectif) : 3 milliards / an (https://umr-retraite.fr/preparer-sa-retraite/lactualite-de-la-retraite/568-000-personnes-beneficiaires-du-minimum) ;

- Fin des aides sociales pour les non Français : 8 milliards / an (soustraction de l'AME) (https://www.tf1info.fr/societe/loi-immigration-aide-medicale-d-etat-ame-aides-au-logement-apl-allocations-familiales-nombre-etudiants-etrangers-combien-beneficient-des-prestations-sociales-en-france-2280156.html) ;

- Fermeture de toutes les sections SHS du CNRS : 500 millions / an ;

- Fin du financement des syndicats : 133 millions / an (https://www.ouest-france.fr/economie/syndicats/syndicats-ouvriers-et-patronauxont-recu-133-6-millions-de-dotations-pour-le-dialogue-social-en-2021-0f0d6d8c-771f-11ed-b022-b5852c53ff22) ;

- Fin de la subvention Institut du monde arabe : 12 millions / an du Quai d'Orsay (idem s'il existe des équivalents pour le monde asiatique, africain etc.) ;
- Fin du bonus écologique voiture : 1,5 milliards / an (https://www.lesechos.fr/industrie-services/automobile/voiture-electrique-le-gouvernement-rabote-de-1000-euros-le-bonus-ecologique-2075918) ;
- Fin du doublon région / département : 18,5 milliards / an ;
- Baisse des transferts aux collectivités : 17 milliards / an ;
- Aides non contributives aux étrangers 7 milliards / an. Plein de bon sens, ceux qui ne cotisent pas, ne reçoivent pas du collectif ;
- Fin du régime spécial des retraites : 20 milliards / an ;
- Suppression des droits de succession et dons : 16 milliards / an ;
- Suppression de la niche fiscale pour les retraités (abattement pour frais professionnels) de 10% : 4,5 milliards / an ;
- Sur les 24 milliards / an pour l'apprentissage, 10 milliards sont des effets d'aubaines économisables (Bruno Coquet - Challenges octobre 2024) ;
- Fin de tout chômage après 1 an (alignement sur les pays voisins) ou assurance chômage privée via les entreprises ;

- Le crédit d'impôts recherche (CIR) doit aussi être considéré pour une économie de 7,25 milliards / an, car souvent dévoyé ;
- Économies dans la santé, 12 à 13 milliards / an sont économisables en rationalisant, en faisant preuve de bon sens et sans dépenser plus. A lire sur le sujet :

La santé sans limite tue le système. Franchise généralisée obligatoire avec ou sans complémentaire pour consultations ou ordonnance : 30 milliards d'économies / an. Nous pourrions nous inspirer du système japonais pour limiter les abus (10 euros pour consultation généraliste, 20 euros spécialistes, 10 euros par prescription, 100 euros par passage aux urgences).

- Soutien du made in France par un "Buy French Act" : la commande publique doit privilégier les entreprises Françaises ;
- Saisi de tous les actifs liés au trafic, via une opération de grande ampleur de reprise en main de notre territoire (avec l'armée) - voir le chapitre correspondant ;
- Remise en place des taxes douanières pour les importations qui ne respectent pas nos normes Françaises ;
- Des réductions et synergies possibles sur le budget de l'Assemblée Nationale 1 milliards € :

 ;

- Suppression du Sénat, 350 millions € : https://www.senat.fr/connaitre-le-senat/role-et-fonctionnement/le-budget-du-senat.html.

Sous-total : ~361 milliards € / an (Économies de plus de 2,5 fois le déficit public ! ou de 10% de la dette actuelle !)

Les choses à combattre (redéploiement des fonctionnaires, des administrations supprimées, dans la lutte contre les fraudes) :
- Coût de la fraude sociale : 17 milliards / an (mesures par ex : fin des cartes vitale des non-résidents, etc.) ;
- Coût de la fraude fiscale : entre 30 et 100 milliards / an ;
- Coût de la fraude à la TVA : 20 à 25 milliards / an d'euros de manque à gagner chaque année (https://www.europe1.fr/economie/fiscalite-pourquoi-la-fraude-a-la-tva-est-la-plus-identifiee-4182273) ;
- Fraude organisée à maprimerenov estimée à 2,3 milliards d'euros ;
- Fraudes arrêts maladies 4,5 milliards / an (https://x.com/CharlesPrats/status/1833617936218558753).

Sous-total (bas): ~73,8 mds € (50% du déficit de l'État !)

Mesures plus impopulaires mais potentiellement nécessaires :
- Fin du soutien à l'Ukraine : 3 milliards ;
- Financement de l'Europe : 24 milliards / an (https://www.economie.gouv.fr/cedef/contribution-france-budget-europe) ;

- Fin APL : 15,8 milliards / an (https://www.budget.gouv.fr/documentation/file-download/13579). Les prestations doivent se réduire, car nous gagnerons plus par notre travail. Moins d'impôts et de charges, moins d'aides, plus de libertés ;
- Fin des autres politiques de logement 15 milliards / an (on supprime les normes inutiles tels le DPE, le squat est interdit et expulsé immédiatement, le parc est libéré et flexible) ;
- Augmentation de l'âge de la retraite à 67 ans afin de s'aligner aux pays voisins : 70 milliards d'économies / an. La retraite par capitalisation permettra à ceux qui le veulent de partir plus tôt ;
- Fin indexation retraite sur inflation : 14 milliards / an (https://retraitesdeletat.gouv.fr/retraite/le-paiement-de-ma-retraite/la-revalorisation) ;
- Privatisation totale de l'éducation primaire et secondaire : 15 milliards d'euros par an. Les professeurs seront toujours payés par l'état mais les écoles seront exclusivement gérées par le privé sous contrat (pour le contrôle), plus efficace de 30% par élève. (https://www.lefigaro.fr/actualite-france/agnes-verdier-molinie-l-enseignement-prive-coute-30-moins-cher-aux-pouvoirs-publics-20240126).

Sous-total : ~156,8 mds (35% des dépenses publiques de l'état 2024 ou 100% du déficit !)

Ainsi, en cherchant bien, en poussant, nous gueux et citoyens pour plus d'énergie, de sécurité et de fermeté, plus de libertés, moins d'impôts et d'assistanat, avec du courage et l'effort de chacun ; nous pourrions au niveau de l'État du pays France, économiser quasiment 600 milliards d'euros par an !

Nous retrouverons un budget positif, réduirons notre dette et nous permettront d'aller de l'avant pour relancer l'économie selon les piliers mentionnés, nous pourrons investir pour l'avenir, pour nos enfants.

J'ai essayé de sourcer au maximum ces calculs, mais je ne peux qu'enjoindre chacun de nous à se renseigner. Grâce au formidable outil qu'est devenu internet, une majorité des chiffres précis et détaillés sont disponibles. Lisez « l'IFRAP » ou « Contribuables Associés » par exemple, qui sont en pointe sur ces sujets économiques.

6.3.4   Impôts

Toutes ces coups budgétaires et économies permettront de réaliser plusieurs objectifs :
-    Réduire la dette ;
-    Concentrer des moyens sur le régalien et l'avenir du pays ;
-    Réduire les impôts de tous les travailleurs pour rendre le fruit du travail.

D'ailleurs, il existe quasiment 300 impôts et taxes différentes en France, parfois pour des montants ridicules qui coûtent plus cher à gérer et à collecter que cela ne rapporte. (Une liste non exhaustive : https://x.com/ArtemisInfos/status/1915754880180064467)
Le mille-feuille fiscal ralentit les entreprises et les entrepreneurs et nous devons supprimer purement et simplement les centaines de micro-taxes existantes.

Nous devons aussi abolir les droits de succession et dons (16 milliards / an). La transmission de son patrimoine et de ses biens, acquis pendant sa vie (et donc déjà taxé et imposé) ne devrait tout simplement pas exister. Cela permettra aussi aux entrepreneurs de transmettre les entreprises familiales pour qu'elles restent Françaises. Dans la majorité des pays du monde, cet impôt n'existe quasiment pas, travailler pour ses enfants et petits-enfants est quelque chose de beau qui doit être encouragé, à minima nous devrions viser 5% maximum quel que soit le montant, à l'instar de notre voisin Italien.

Ainsi, les impôts et niches fiscales sont <u>tous supprimés</u>, y compris les impôts de production, afin de ne garder que le minimum nécessaire (Zéro impôts étant une utopie, les tâches régaliennes doivent continuer) :

- Impôt sur le revenu, progressif jusqu'à un maximum de 30%. Payé par tous, même pour des petites sommes (et c'est important que chacun participe) ;
- Discussion autour de la taxe d'habitation (progressive ou non ?), payé par tous et suppression de la taxe foncière ;
- Impôts sur les sociétés, on garde le système actuel de 25% maximum et taux réduit ;
- Pour les dividendes et autres, nous gardons le Plafond Forfaitaire Unique (PFU) de 30% ;
- Cotisations sociales salariales et patronales : Simplification pour atteindre un maximum de 25% au total sur les salaires (12,5% et 12,5%) afin de s'aligner sur le voisin Luxembourgeois en Europe :

Pays	Moyenne cotisations patronales (%)	Moyenne cotisations salariales (%)	Total cotisations (%)
Slovaquie	35,2	13,4	48,6
France	30,0	12,0	42,0
Belgique	27,0	13,1	40,1
Allemagne	20,0	20,0	40,0
Suède	31,4	7,0	38,4
Italie	29,0	9,5	38,5
Autriche	21,5	18,1	39,6
Rép. tchèque	25,0	11,0	36,0
Hongrie	18,5	18,5	37,0
Lettonie	24,1	11,0	35,1
Grèce	22,0	14,0	36,0
Portugal	23,8	11,0	34,8
Espagne	23,6	6,4	30,0
Slovénie	16,1	22,1	38,2
Pologne	20,0	13,7	33,7
Croatie	16,5	20,0	36,5
Finlande	20,0	10,0	30,0
Bulgarie	14,5	10,6	25,1
Luxembourg	12,5	12,5	25,0
Estonie	20,8	1,6	22,4
Pays-Bas	13,0	9,0	22,0
Roumanie	17,0	10,0	27,0
Danemark	12,0	11,0	23,0
Lituanie	1,8	19,5	21,3
Malte	10,0	10,0	20,0
Irlande	10,8	4,0	14,8

| Chypre | 8,3 | 8,3 | 16,6 |
| Suisse | 8,5 | 8,5 | 17,0 |

Sources :

1. Social Security Tax Rates in Europe: Employer Guide 2024 - eurodev.com

2. Social Security Tax Rates for Employers in Europe - eurodev.com

3. Contribution rates | International Social Security Association (ISSA) - issa.int

4. Table III.2. Employer social security contribution rates - stats.oecd.org

5. Social security tax rates in Europe 2024 - rue.ee

6. Social Security Rate For Employees - Countries - List - tradingeconomics.com

7. The French social security system - Rates and ceilings of Social Security and unemployment contributions - cleiss.fr

8. EU Social Security Survey - www2.deloitte.com

9. Social security developments and trends – Europe 2024 - issa.int

10. Contributions and social contributions -Social security contributions: what changes as of 1 January 2024? | Entreprendre.Service-Public.fr

11. Social security tax rates in Europe 2024 - regulatedunitedeurope.com

12. See how Social Security retirement benefits stack up globally - The Washington Post - washingtonpost.com

13. Social security contributions | OECD - oecd.org

14. National insurance explainer (Budget October 2024 update) - tax.org.uk

15. SSS Contribution Table 2024 | Triple i Consulting - tripleiconsulting.com

6.3.5   Travail

Nous devons, encore une fois, nous aligner sur les voisins afin de ne pas nous pénaliser outre mesure. Par ailleurs, dans la réalité, les salariés Français sont autant (si ce n'est plus) productif et travaillent déjà bien plus en moyenne que les 35h. Le retour à la semaine de 40h est nécessaire.

Les problèmes principaux du travail en France, ce sont les écarts entre le coût du travail, le salaire « net net » et les aides en tout genre qui fausse tout.

Ces difficultés ont amené à la disparition de « petits boulots » (ex : pompistes, concierges etc.), bien qu'ils existent par exemple en Espagne, et des boulots difficiles (ex: vendanges etc.) ne sont plus pourvus car mal payés et coûtant trop cher à l'employeur !

Et dès le début d'une période de travail, nous perdons immédiatement un tas d'aides indirectes (musées, transports, cantine, etc.).

Les coupes mentionnées précédemment des aides, et la baisse des impôts et cotisations permettront de relancer un nombre d'emplois conséquent. Travailler sera mieux que de rester à la maison ou au chômage, nous manquons de tout et nous devons assouplir pour plus de flexibilité.

Cela devrait entraîner une augmentation des revenus du travail, mais aussi plus de possibilités d'embaucher plus pour les entreprises afin d'améliorer la qualité de service !

Nous devrons continuer aussi à améliorer notre automatisation et robotisation afin de pallier la baisse de la natalité tout en visant une amélioration de la productivité.

6.3.6   Zone Économique Exclusive (ZEE)

Nous possédons la seconde « Zone Économique Exclusive » du monde. Nous n'en faisons rien. Nous devons, dans le respect de notre éthique climatique *(mais bon sang soyons fier ! nous sommes le seul pays au monde à avoir déjà effectué la transition énergétique sur notre production d'énergie électrique de base !)* valoriser ces territoires (énergie, minerais, tourisme), y développer le nucléaire (énergie abondante bas-carbone etc.

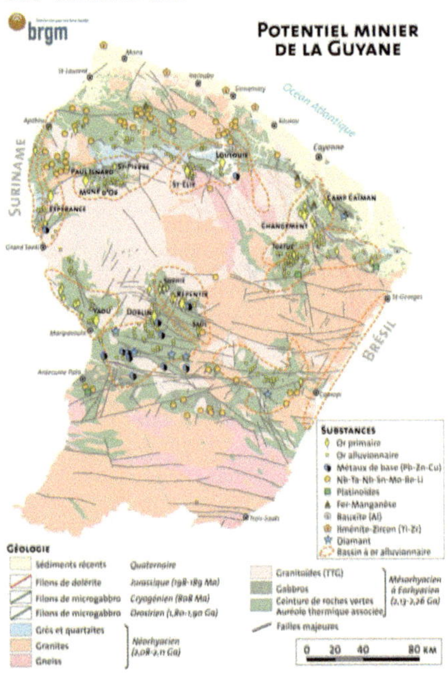

Exemple du potentiel minier (or, bauxite, pétrole), forestier et territorial de la Guyane.

Nous devons faire de nos territoires ultra marins des territoires égaux (par de surplus / surcote pour les fonctionnaires de métropole là-bas) et des territoires de destinations de vacances privilégiés pour nos citoyens (consommer Français) et pour les étrangers (afin d'amener leur capitaux).

Dans le même état d'esprit décrit au début de cet ouvrage, cela requiert une fermeté extrême sur la sécurité et les incivilités. Ces endroits doivent devenir des havres de paix et nous devons tous changer d'état d'esprit là-dessus.

6.3.7   Prestations

EGALITE, EGALITE, EGALITE.

Aujourd'hui le système est totalement inégalitaire, et ne donne plus envie de travailler, d'apporter sa pierre au collectif pour gagner personnellement.

Nous devons changer ! Ne plus dépendre de la collectivité. De toute façon, si nous continuons ainsi, les personnes déjà dépendantes se verront supprimer ce qu'ils reçoivent (admettons une administration par le FMI et/ou l'Europe) et ceux qui sont déjà indépendants passeront l'orage d'eux même.

La natalité étant en baisse, nous devons aussi réfléchir sur nous-même et ce que nous souhaitons pour l'avenir de nos enfants. En France, l'indicateur de fécondité s'établit à 1,88 enfant par femme en 2018, 1,87 en 2019 puis à 1,80 en 2022 et à 1,62 en 2024 ; alors qu'en 2006 et 2014 il oscillait autour de 2.

https://www.ameli.fr/assure/sante/devenir-parent/concevoir-un-enfant/sterilite-pma-infertilite/baisse-de-la-fertilite-et-de-la-fecondite-pourquoi

Mais que souhaitons-nous ? Laisser le pays dépérir ? Remplacer nos enfants par une immigration de masse ? Donner envie à toutes les classes de Français de faire à nouveau des enfants ?

La solution du déplafonnement du quotient familial (telle que mentionnée ici : *https://x.com/Saturnin_FR/status/1859970180019044358*), pour permettre aux familles aisées de bénéficier des mêmes avantages que tous les autres citoyens, semble être une piste pertinente pour faire repartir la natalité.

Nous devons simplifier et mettre à égalité les citoyens : X euros / enfants et par an, point barre. Selon l'INSEE en 2023 (https://www.insee.fr/fr/statistiques/7750004) nous avons environ 14,146 millions d'enfants de moins de 18 ans en France. Admettons une allocation de 200 euros / mois et par enfant, c'est un budget d'environ 2,8 mds par mois, ou environ 34 milliards / an. C'est une piste de départ.

Les allocations diverses et variées doivent être supprimées (*Les prêts caravanes et autres joyeusetés aberrantes sont tout simplement à supprimer de facto :* https://x.com/RobertSurcouf9/status/1880933207601746235), allant de pair avec les baisses d'impôts drastiques précédemment évoquées afin que chaque citoyen puisse agir en fonction de ses moyens et d'allouer son argent en fonction de ses priorités. Les CAF sont ainsi supprimées (économies pour l'état) et les fonctionnaires renvoyés dans la vie privée pour la création de valeur.

Les aides doivent être en priorité réorientées vers les Français en situation de handicap ou d'extrême précarité. Le meilleur moyen de réduire la pauvreté, c'est avant tout une économie prospère.

La laïcité est contournée tous les jours, des attaques sont perpétrées tous les jours et plusieurs fois par jour envers les femmes, les enfants notamment mais aussi les honnêtes citoyens qui aspirent à vivre en paix.

La société est gangrenée par les trafiquants, la drogue et les armes qui vont avec, ainsi que toutes les petites racailles (délinquants du quotidien).

Ainsi, sans discussion possible et préalablement à tout recours, la prestation unique pour les enfants est supprimée immédiatement et de facto à tous les délinquants, criminels et fraudeurs ainsi qu'à leurs parents dans le cas de mineurs. Les parents doivent comprendre qu'ils sont RESPONSABLES de leurs enfants.

6.3.8   Sujets sociétaux

Seuls 11% des autochtones Français bénéficient d'un HLM. Idem nous versons une quantité d'allocations (ASPA, RSA etc.) à des personnes n'ayant jamais cotisé à la collectivité. Nous devons instaurer la préférence nationale dans les aides sociales, logement social et emploi. Les aides ne pourront pas être versées sur un compte non ouvert en France.

Enfin, les piliers de la remise sur des rails de la France étant l'énergie, la sécurité et l'économie, il faut un moratoire de toute loi sociétale jusqu'à nouvel ordre. L'euthanasie n'est pas une priorité ; les soins palliatifs et la sécurité de nos anciens l'est.

La GPA (Gestation pour Autrui) n'est pas d'actualité, les soins relatifs à l'identité de genre et autre ne seront plus pris en charge (il n'existe qu'Homme et Femme à 99%) etc.

Par ailleurs, les citoyens étant des adultes responsables et intelligents, la remise en place de référendum réguliers (à l'image de la démocratie Suisse) doit être propulsée et être forcé avec régularité, admettons deux fois / an au moins au début.

Les statistiques ethniques sont autorisées et n'ont plus de tabou. Nous devons la transparence avec tous les citoyens.

6.3.9   Éducation Nationale : Renommée en Instruction Nationale

L'éducation relevant de la responsabilité parentale, le pays doit instruire nos enfants. L'apprentissage de la lecture, de l'écriture, des mathématiques et des sciences « dures » doivent revenir au centre du socle d'apprentissage. Les exemples de Singapour ou de la Corée du Sud doivent nous conforter dans cette base.

« Si les gens ne savent pas bien écrire, ils ne sauront pas bien penser, et s'ils ne savent pas bien penser, d'autres penseront à leur place. » - George Orwell

Mais aussi, l'Histoire de France, notamment sa grandeur, doit être au cœur de l'instruction. Comment penser que des jeunes soient fiers de leurs racines si on leur rabâche matin, midi et soir les horreurs du passé en les culpabilisant de responsabilité ? Comment penser intégrer et assimiler des jeunes d'autres origines en les élevant au rang de victime perpétuelle ?
Sans occulter les parts sombres de l'Histoire, les enfants doivent apprendre et comprendre que la France a été, est et sera grâce à eux, un grand pays, composé de savants, ayant permis des découvertes, d'inventeurs de génies, d'entrepreneur acharnés, de bâtisseurs exceptionnels etc.

« Parce qu'un homme sans mémoire est un homme sans vie, un peuple sans mémoire est un peuple sans avenir » - Maréchal Ferdinand Foch

La fierté de la France doit repasser par le chant de l'hymne national en classe une fois / mois dans la cour des écoles avec le drapeau, afin de faire surgir le sentiment d'appartenance au groupe, au clan « France ». La géographie ne doit pas être en reste, la France étant la variété de ses territoires.

Plutôt que l'apprentissage des arts, qui doit pouvoir se faire de manière personnelle et volontaire, il serait bien plus utile d'utiliser ces heures d'instructions à l'apprentissage de choses utiles dans la vie : Économie de base, gestion de budget, pourquoi pas bricolage et autres sujets pour être en capacité de se débrouiller dans la vie adulte etc.

Ce qui ne doit pas nous éloigner du beau. La France est belle, variée dans ses paysages et cultures régionales, mais rassemblée depuis 2000 ans autour du beau et d'une même spiritualité. Une transcendance de générations en générations qui a fait ce que nous sommes :

https://x.com/PerseusLeGrand

Sujet à part, déjà abordé dans le pilier principal de la **Sécurité**, les parents sont responsables de leurs enfants. Ainsi, sur le même principe que les aides, tout écart devra être sanctionné immédiatement par les professeurs, sans que les parents puissent ensuite inquiéter ces professeurs.

Concernant, l'instruction post-bac nous devons revenir une fois encore au « bon sens » et à la sélection. 100% des citoyens ne sont pas promis à des études longues, et auront certainement envie de se tourner vers des filières manuelles, ô combien nécessaires par ailleurs. Il faut en finir avec le dénigrement de ces filières et en parallèle, instaurer un numerus clausus de certaine filière créatrice de "chômeur" (je pense ici principalement aux SHS - Sciences Humaines et Sociales - voir en page 16 le tableau correspondant).

7. Conclusion

Aujourd'hui, le système se tend, censure et nous brutalise, pour que chaque petit étage garde ses petits privilèges, au détriment du collectif et de ses libertés.

Le risque est le délitement lent de la Nation, au profit des violents, des fraudeurs, des terroristes et des ingérences étrangères ce qui nous conduit déjà vers un repli et une communautarisation au sein même de nos sociétés et donc une défense et une violence personnelle accrue.

Pourtant, j'ai essayé de démontrer dans cet ouvrage que rien n'est impossible, que ce soit dans notre Histoire, ou les exemples plus récents d'autres pays.

L'espoir est possible de retrouver une France paisible, prospère, libre.

Nous pouvons y arriver, nous pouvons avoir l'espoir de changer de la France, de nous réveiller, de nous secouer collectivement, de tronçonner les freins et gabegies et de pousser ceux qui innovent et entreprennent, ceux qui travaillent et transmettent, ceux qui sécurisent et combattant les trafiquants et les fraudeurs.

C'est espoir est possible si nous changeons, nous tous, gueux, citoyens, notre état d'esprit et que nous poussons les représentants (politiques, juridiques, etc) à changer pour appliquer ce que nous souhaitons. Oui c'est peut-être clivant et extrême de parler fermeté, mais c'est nécessaire. Ne nous laissons pas enfermer dans des prismes de pensées type « fascisme » dès qu'on parle de fermeté. Votons pour les politiques de caractère, de principes, qui ferons preuve de décision et de fermeté, qui sont lucides sur la réalité et tournés vers l'avenir du pays.

Nous voulons retrouver notre parole et notre pouvoir de décision (référendums), nos libertés face au mal.

Dans ce livre, j'ai abordé les différentes solutions pour la France en 2025, qui de mon point de vue de simple citoyen, nous permettrait de revenir vers une France libre, de bonheur et de respect collectif. Il ne tient plus qu'à chacun de nous de demander à nos politiques l'application de ces pistes, de cette philosophie, de ces mesures pour changer.

Nous devons le faire pour l'avenir de nos enfants, chacun à notre niveau, tous les jours et dans nos votes.